TABLEAUX ANCIENS

CATALOGUE

DE

TABLEAUX

ET DESSINS ANCIENS

IMPRIMÉ PAR PILLET ET DUMOULIN

5, RUE DES GRANDS-AUGUSTINS, A PARIS.

CATALOGUE

DE

TABLEAUX

ET DESSINS ANCIENS

BEAU PORTRAIT DE FEMME

PAR REMBRANDT

ŒUVRES DE CHARDIN, PRUD'HON
EISEN, OUDRY, ETC.

Formant les Collections de MM. X... et Z...

DONT LA VENTE

AURA LIEU HOTEL DROUOT, SALLE N° 8

Le Vendredi 5 Mai 1882, à deux heures

COMMISSAIRE-PRISEUR

Mᵉ PAUL CHEVALLIER, Succʳ de Mᵉ CH. PILLET

10, rue de la Grange-Batelière

EXPERT : M. E. FÉRAL, peintre, 54, Faubourg Montmartre.

Chez lesquels se trouve le présent Catalogue.

EXPOSITION PUBLIQUE : Le Jeudi 4 Mai 1882

De une heure à cinq heures.

CONDITIONS DE LA VENTE

La vente sera faite au comptant.

Les acquéreurs payeront cinq pour cent en sus des enchères applicables aux frais.

DÉSIGNATION

TABLEAUX ANCIENS

ANDREA DEL SARTO (attribué à)

1 — SAINTE MADELEINE.

La sainte est debout, vue à mi-corps, tenant le vase de parfum.

Bon tableau sur bois.

BRAUN (Adam van)

2 — JEUNE FEMME ET CAVALIER.

CABEL (Adrien van der)

3 — PORT DE MER AU SOLEIL COUCHANT.

Belle composition dans le style de Claude Lorrain.

CREDI (LORENZO DI) attribué à

4 — PORTRAIT DE VEROCCHIO.

DIEPENBEECK (Abraham van)

5 — LE MASSACRE DES INNOCENTS.

DU JARDIN (Karel)

6 — BERGER ET ANIMAUX AU REPOS DANS UN PAYSAGE.

DUGHET (dit le Guaspre Poussin)

7 — PAYSAGE COUPÉ PAR UNE RIVIÈRE.

Baigneur au premier plan.

DYCK (d'après Antoine van)

8 — LE REPOS DE LA SAINTE FAMILLE.

Dans un paysage, l'Enfant Jésus dort sur les genoux de la Vierge.

Belle copie du temps.

DYCK (d'après Antoine van)

9 — LE JOUEUR DE CORNEMUSE.

ELZHEIMER (Adam)

(DEUX PENDANTS)

10 — PAYSAGES MONTUEUX ET ACCIDENTÉS AVEC FIGURES ET ANIMAUX.

GRIEFF (Adrien)

11 — GIBIER DANS UN PAYSAGE SOUS LA GARDE DE DEUX CHIENS.

GUIDO RENI.

12 — SAINT JOSEPH TENANT L'ENFANT JÉSUS DANS SES BRAS.

KUILENBURG (Abraham van)

13 — DIANE ET SES NYMPHES.

Dans une grotte formée par des rochers, la déesse est assise, une de ses compagnes l'aide à sa toilette; à droite, des chiens, des statues et des fragments de constructions en ruine.

LIBERI (Pietro)

14 — VISION DE SAINT FRANÇOIS.

LUINI (attribué à Bernardino)

15 — LA VIERGE, L'ENFANT JÉSUS ET LE JEUNE SAINT JEAN.

Bon tableau, peint sur bois, dans un cadre en bois sculpté.

MIERIS (attribué à François)

16 — LA JEUNE FEMME MALADE.

Elle est assise à demi évanouie, vêtue d'un jupon en satin jaune et d'un caraco en velours grenat, doublé d'hermine; une femme âgée lui donne des soins. Au second plan, le docteur examine le contenu d'une fiole.

Bon tableau d'une remarquable finesse.

MOMPER (Josse de)

17 — ENTRÉE DE VILLAGE.

Au premier plan, des personnages au bord d'un cours d'eau.

MONANNI

18 — MER HOULEUSE.

18 *bis*. — MURILLO (école de)

La Conception.

La Vierge s'élève sur des nuages soutenue par un groupe de petits anges, le Saint-Esprit plane au-dessus.

Bonne peinture rappelant les gracieuses compositions du maître.

NETSCHER (Gaspard)

19 — JEUNE FEMME A UNE FENÊTRE.

Elle est debout, richement vêtue, vue à mi-corps; un petit nègre est à sa droite. Sur l'appui de la fenêtre, une corbeille de fleurs et des bijoux.

NETSCHER (genre de Gaspard)

20 — FAMILLE RÉUNIE DANS UN PARC.

OSTADE (Adrien van)

21 — INTÉRIEUR RUSTIQUE.

Au centre, une femme lave du linge, différents ustensiles, paniers, cruches en terre, etc., sont posés auprès d'elle ; dans le fond, un homme assis devant une cheminée. Bon tableau, de la première manière du maître.

PARIS BORDONE (d'après)

22 — LE DOGE ET LE PÊCHEUR.

Esquisse.

PÉRUGIN (d'après le)

23 — LA VIERGE ET DES ANGES ADORANT L'ENFANT JÉSUS.

Tableau de forme ronde, peint sur bois.

PONTORMO

24 — PORTRAIT DE GUICCIARDINI.

Il est assis devant une table, la tête appuyée sur sa main droite, ayant devant lui une mappemonde et un livre ouvert.

PORDENONE

25 — LE MARIAGE MYSTIQUE DE SAINTE CATHERINE.

Bon tableau, peint sur bois.

PORDENONE

26 — PORTRAIT DU CARDINAL BEMBO.

POUSSIN (Nicolas)

27 — OFFRANDE A FLORE.
Esquisse.

POUSSIN (attribué à Nicolas)

28 — COMPOSITION ALLÉGORIQUE.

Le Temps offre une fleur à une jeune femme occupée à sa toilette; sur le devant, un amour et un chien.

RAPHAEL (d'après)

29 — LA VIERGE ET L'ENFANT JÉSUS.

Bonne copie du temps.

REMBRANDT (VAN RIJN)

30 — PORTRAIT DE FEMME.

De grandeur naturelle, vue jusqu'à la ceinture, la tête
de trois quarts tournée vers la gauche; cheveux châtains
relevés, collier de perles; large collerette à double rang de
guipure lui couvrant les épaules.

Belle peinture du maître, signée et datée 1635.
Bois de forme ovale.

H. 77. L. 65.

RIBERA (attribué à JUSEPE DE)

31 — SAINT JÉROME.

RICCI (SÉBASTIEN)

32 — SAINT JEAN ET SAINT PAUL GUÉRIS-
SANT UN MALADE

Bonne esquisse.

STADLER

(DEUX PENDANTS)

33 — PAYSAGES.

Effet de soleil levant et effet de soleil couchant.

TENIERS (attribué à DAVID)

34 — INTÉRIEUR DE CORPS DE GARDE.

Au premier plan, des casques, des cuirasses et diverses armes; un jeune garçon se dispose à accrocher au mur un manteau en drap rouge; dans le fond, des soldats jouent aux cartes ou se chauffent devant une cheminée.

Bon tableau, digne du pinceau de Teniers.

TITIEN (genre de VECELLI, dit LE)

35 — LA VIERGE, L'ENFANT JÉSUS ET SAINT JEAN.

VELASQUEZ (attribué à DON DIEGO)

36 — PORTRAIT D'INNOCENT X.

VÉRONÈSE (attribué à CALIARI, dit PAUL)

37 — LE MARIAGE MYSTIQUE DE SAINTE CATHERINE.

Gracieuse composition.

VOS (MARTIN DE)

38 — BELLE COMPOSITION ANIMÉE PAR DE NOMBREUX PERSONNAGES.

VOYS (attribué à ARY DE)

39 — LE JOUEUR DE VIOLON.

WEYDEN (attribué à ROGER VANDER).

40 — SAINT JEAN EN BUSTE.

Fine peinture, de forme ronde.

ÉCOLE ALLEMANDE (XVIe SIÈCLE)

41 — SUJET RELIGIEUX.

Au premier plan, sainte Anne faisant l'éducation de la Vierge; auprès, sainte Catherine et saint Nicolas bénissant des enfants.

ÉCOLE ALLEMANDE (XVIe SIÈCLE)

42 — SAINT JEAN, SAINT FRANÇOIS ET SAINT JÉROME.

ÉCOLE FLAMANDE (XVIIe SIÈCLE)

43 — PERSONNAGE RELIGIEUX.

En prière sous la protection de deux saints qui sont debout près de lui.

ÉCOLE ITALIENNE

44 — LE SOMMEIL DE L'ENFANT JÉSUS.

ÉCOLE ITALIENNE.

45 — LA SAINTE TRINITÉ DANS SA GLOIRE.

Cuivre de forme ovale.

COLLECTION DE M. Z...

TABLEAUX ET DESSINS

ŒUVRES DE

CHARDIN, PRUD'HON, EISEN, OUDRY, ETC.

TABLEAUX

CARRACHE (Annibal)

46 — LA CONVERSION DE SAINT PAUL.

CHARDIN (Siméon)

47 — OBJETS DIVERS.

Un buste en plâtre, des rouleaux de papiers, un compas des livres, un encrier, etc., le tout posé sur un table.

Belle peinture du maître.

Toile de forme ronde.

CHARDIN (Siméon)

48 — OBJETS DIVERS.

Une sonnette en argent, des livres, des papiers, des godets contenant des couleurs, un pinceau, etc. ; le tout posé sur une table.

Bonne peinture sur bois forme ronde.

CHARDIN (Siméon)

49 — LA MÈRE DE FAMILLE.

Assise dans un intérieur, elle donne une leçon de couture à deux petites fillettes.

Belle esquisse provenant de la vente Marcille 1856.

CHARDIN (attribué à S.)

50 — UNE STATUETTE DE VÉNUS EN PLATRE, UN COMPAS, UN PORTE-CRAYON ET UN ÉTUI EN CUIR CONTENANT DIFFÉRENTS OBJETS.

CLEVENBERGH

51 — GIBIER JETÉ A TERRE AU PIED D'UN ARBRE.

CORTONE (Pietre de)

52 — SUJET MYTHOLOGIQUE.

DIAZ (N.)

53 — LA MISE AU TOMBEAU.

Belle étude d'après le tableau du Titien qui est au musée du Louvre.

EISEN (Charles)

54 — L'AMOUR MÉDECIN.

Il est debout auprès d'une table, regardant le contenu d'une fiole et tâtant le pouls à deux jeunes filles qui sont venues le consulter.

EYCK (École de van)

55 — TRIPTYQUE.

Au centre, la Nativité; sur le volet de droite, trois saints personnages adorant l'Enfant Jésus; sur le volet de gauche, deux saints personnages prosternés devant la Vierge.

FREDOU

56 — PORTRAIT DE JEUNE FEMME.

Sous les attributs de Diane, tenant un arc et des flèches.

FREDOU

57 — PORTRAIT DE JEUNE FEMME.

Vue à mi-corps, vêtue d'une robe jaune décolletée avec petites fleurs bleues au corsage.

GREUZE (d'après)

58 — JEUNE FILLE EN BUSTE.

Les cheveux blonds tombant en boucles sur les épaules.

HEMSKERK

59 — INTÉRIEUR DE TABAGIE.

Bon et important tableau de l'artiste.

HOREMANS

60 — INTÉRIEUR DE CABARET.

JORDAENS

61 — SUJET BIBLIQUE.

Signé.

LUCAS DE LEYDEN (d'après)

62 — LA VIERGE EN BUSTE, LES MAINS
JOINTES.

LUCAS DE LEYDEN (d'après)

PENDANT DU PRÉCÉDENT

63 — LE CHRIST EN BUSTE, COURONNÉ D'ÉPINES.

MILLET (Francisque)

64 — PAYSAGE ACCIDENTÉ AVEC FIGURES ET ANIMAUX.

Bon tableau de l'artiste.

MOLENAER (attribué à)

65 — SUJET GALANT.

MORGENSTERN

66 — INTÉRIEUR D'ÉGLISE.

Au premier plan, un prêtre porte l'ostensoir sous un dais suivi de nombreux personnages.

Fine peinture de l'artiste.

OUDRY (J.-C.)

67 — OBJETS DIVERS.

Une perdrix grise suspendue à un mur, un citron, une orange et deux prunes violettes, le tout posé sur un socle de pierre.

Signé.

POELENBURG (genre de)

68 — LE JUGEMENT DE PARIS.

PORBUS (attribué à)

69 — NOMBREUX PERSONNAGES RÉUNIS DANS UNE SALLE DE FESTIN.

SALVATOR ROSA (attribué à)

70 — SOLDATS GROUPÉS AU PIED D'UNE COLLINE.

SOLIMENE

71 — LE CHRIST PORTANT LA CROIX EST CONDUIT AU CALVAIRE.

Belle et vigoureuse peinture.

UTRECH (VAN)

72 — LÉGUMES ET NATURES MORTES.

WYNANTS DE BRUXELLES (attribué à)

73 — VILLE HOLLANDAISE.

ÉCOLE FRANÇAISE

74 — LE SACRIFICE D'IPHIGÉNIE.

ÉCOLE HOLLANDAISE (XVIIᵉ SIÈCLE)

75 — PORTRAIT DE FEMME RICHEMENT VÊTUE.

ÉCOLE HOLLANDAISE

76 — MOINE EN PRIÈRE.

ÉCOLE DE PARME

77 — JÉSUS-CHRIST DEBOUT TENANT LA CROIX.

DESSINS

CHARDIN (Siméon)

78 — INTÉRIEUR.

Sur la droite, une femme assise devant une fenêtre, près d'elle, un petit enfant. Dans le fond, une cheminée, un lit, etc.

Très beau et curieux dessin, le trait à la plume, ombré à l'encre de chine.

CHARDIN (attribué à S.)

79 — JEUNE FILLE ENDORMIE.

Crayon noir rehaussé de blanc, sur papier gris.

FRÈRE (Théodore)

(deux pendants)

80 — VUE DE LA CORNE-D'OR.
UN CAFÉ A CONSTANTINOPLE.

Deux dessins.

LÉPICIÉ (N.-B.)

81 — JEUNE VILLAGEOIS EN BUSTE.

Beau dessin au crayon noir rehaussé de blanc.

PRUD'HON (P.-P.)

82 — JEUNE FEMME NUE, DEBOUT, VUE A MI-CORPS, LE BRAS GAUCHE LEVÉ AU-DESSUS DE LA TÊTE.

Très beau dessin à l'estompe, rehaussé de blanc sur papier bleu.

Vente Marcille, 1856.

ÉCOLE FLAMANDE

83 — LE CHRIST AU PRÉTOIRE.

Pierre d'Italie et sanguine, rehaussé de blanc.

www.ingramcontent.com/pod-product-compliance
Ingram Content Group UK Ltd.
Pitfield, Milton Keynes, MK11 3LW, UK
UKHW031716170726
13836UKWH00001B/275